FÜR

ULI

D1725195

VON

HEINZ Wolf 23

Harald Pesata / Heinz Wolf
Affenschinderei

Gefördert von der Stadt Wien Kultur

Harald Pesata / Heinz Wolf

AFFENSCHINDEREI

Fundiert . Illustriert . Gereimt . Wienerisch

verlagshaus hernals | wien

Gscheit gredt

„Die Tiere schuf der Herr, voll Plage,
am fünften und am sechsten Tage." –
De Kirchn hoit des fir plausibl,
wäu es steht jo in da Bibl.
Daunn san de oidn Griechn kumman,
hom d'Schöpfung sprochlich übanumman
und hom – wia soit s' sunst übalebn –
da Gottung Tier an Nauman gebn.
Jetzt haaßt s' Zoon und zum Studiern:
Zoologie, fir d'Leit mit Hirn.
Uns Wiena is des Tier, wos's is
(zaumt Griechn und da Genesis),
ois is a Viech, ob's schwimmt, ob's fliagt,
ob's rennt und si de Huaf vabiagt;
wäu mia hom nur zwaa Grad' zum Messn:
Viech zum Auschaun, Viech zum Essn!

Mit dera Aunsicht host in Steckn,
wäu d'Wissnschoft wüü neu entdeckn,
wüü auftäun und daunn zaummanfossn
und si vo Wien ned pflanzn lossn.
Drum wor's fir d'Fochwööd sehr bequem,
dass a gewissa Alfred Brehm,
aus Deitschlaund – wos jetzt niemaund wundat –
daunn Mitte neinzehntes Johrhundat,
fir d'Zoologie ois Auslogscheibn,
in Auftrog kriagt, a Buach zum schreibn.
A Lexikon, wo oi de Mengan
vo de Viecha drinnan stehngan,
wor vom Verlog des große Züü;
do Viecha gibt's hoit gaunz schee vüü,
drum san aus an Buach zehne worn,
„Brehms Thierleben" wor stoiz geborn –
mittlawäu san's dreizehn Bänd'
und ned a Seitn is vaschwendt,
wäu des Werk in Wort und Büüd
wirklich olle Stickln spüüt.

Wia hoit's da Mensch jetzt mitn Viech?
Grod ned sehr guat, wos i so siech!
Nur wer' i do ned einetauchn –
naa, mia wern kaan Richta brauchn;
de Rechnung zoihn ma sowieso
glei do … und sunstn irgandwo … –
i maan zum Viech in Menschbezug,
in Wohrheit, ohne Sööbstbetrug.

Wos waaß denn heit' a Europäa
vom Eichl- und vom Birknhäha? –
Und wohnt a daunn no in da Stodt,
kennt a grod no, wia zum Spott,
de Taubn, de Rotzn, hoit nur Gfrett,
in Rest suacht a im Intanet;
do kaunn a surfn durch d'Natua,
schaut d'Vägln in da Bruatzeit zua,
siecht Tiga, Löwn, olle Kotzn
(er muass si nur vurm Büüdschirm gnotzn),
schwimmt virtuell durch olle Meere,
„Ist doch alles nur Chimäre …",
sogt da Nestroy gor ned bled,
do in Stodtmensch juckt des ned,
wäu sei Computa, zaumt da Maus,
bringt eam olle Viecha z'Haus;
sei Freind, da Google, hüüft eam scho,
ois aundre wohnt daunn eh im Zoo.
Nur, liaba Mensch, du nimmst da vüü,
vor oim nimmst da des scheene Gfüüh,
waunnst aum Dochbodn auffegehst
und vur echte Mausaln stehst!

Wäu i's ned dawortn kau',
kumman d'Wiena wieda drau'.
Wäu mia ehrn des Viech mit Wortn,
in sogenaunntn Rednsortn,
de mia in unsan Sprochschotz bindn,
do kaunnst de hoibe Tierwööd findn.
Zum Beispüü sogn mia ohne Grund,
aa zu an Freind: „Du schiacha Hund!"
Und fäut uns ana deppat au,
sogn ma eam: „Du blede Sau!"
Daunn gabat's no in Eiabärn,
Kanäurotz sogn ma aa sehr gern,
Füüzlaus, Schweinsaug, Göösnhirn,
Diwanwaunzn, Hirschnbirn,
Haubntaucha, geila Specht –
ois Schimpfwurt is uns jeds Viech recht –
aa Esl, Off' und blaade Kuah
hearst bei uns in ana Toua …,
mehr dazööh i gor ned do,
kummts noch Wien, daunn hearts as scho.

Nur frog i mi, waunn is's do gnua?
Wia kumman d'Viecha denn dazua,
dass ma so schiach vo eana redt,
glaubts so a Kuah, de kränkt si ned?
Ois warat jeda Esl faul,
und nudldeppat olle Gaul',
foisch de Schlaungan, durch de Baunk,
a jeda Off' im Schädl kraunk,
de Fuchs' vaschlogn, de Woif' nur bees,
de Robn nur link … wos soi d'n des?
Na klor, des kummt vo friahra her,
wäu do wor Viech sei' wirklich schwer.

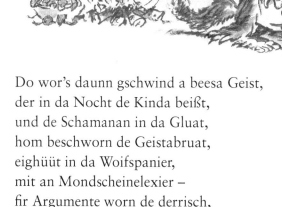

Do wor's daunn gschwind a beesa Geist,
der in da Nocht de Kinda beißt,
und de Schamanan in da Gluat,
hom beschworn de Geistabruat,
eighüüt in da Woifspanier,
mit an Mondscheinelexier –
fir Argumente worn de derrisch,
heite haaßt des esoterisch.

Vagess' ma ned de Schreibarei,
wäu do gibt's aa vüü Viecharei.
A Dichta, er is Grieche gwesn
(auf Wikipedia kau' ma's lesn),
hot uns gschriebn de erstn Fabln
und ois Zuawog no Parabln.
Äsop, so hom de Leit' eam gnaunnt,
in Thrakia hot eam jeda kaunnt,
wäu der hot klasse Sochn dicht',
vo de ma heitzutog' no spricht.
Sei' End' wor fir eam ned so klass',
do hot eam ghaut de Packlrass'
in Delphi, ois Gewoitexzess,
vom Föösn noch an Schauprozess.

Noch eam hot's daunn vüü Reima gebn,
de gschriebn hom vom Viechalebn,
do an wüü i auf kaan Foi missn
(Pesata-Leser wern's scho wissn),
in Heitastn, den's gebn hot:
in Münchna Dichta Eugen Roth.
„Roths Tierleben", des is fir mi
a Zaubabuach der Poesie,
wäu erstns is's ned tierisch ernst
und zweitns so, dass d' aa wos lernst –
de Kombi is, ēs werdts as lesn,
aa mir a wichtigs Aunliegn gwesn;
wäu trotz da gaunzn Wissnschoft
hot aa da Wiena Schmäh a Kroft;
ma braucht aa an Hamour-Bezug,
wäus Lebn is scho ernst genug.

Damit des Buach a imponiert,
hom a's leiwaund illustriert.
Der Nauman vo dem Zeichnmasta
passt punktgenau ins Viecharasta,
drum, fost wia glernt und guat firs Thema,
stöö i eam vur im Lehrbuach-Schema:
Heinz Wolf, lateinisch: Canis lupus
hot zu meim' Sprochstüü, griechisch: Tropus,
mit guatn Strich und ruhiga Haund –
dafir is a jo wöödbekaunnt –
an Haufn Offn einwaundfrei,
do einazeichnat, noch da Reih'.
Wäu, ois Viecha-Auswoih homma troffn:
Startn tan ma mit de Offn!

Des wor's jetzt mit „Gscheit gredt" fir heit'.
I winsch eich mit dem Buach vüü Freid'!

Herzlichst,
Harald Pesata

Wia ollas augfaungan hot

De Offn, Simiae[1] gnaunnt,
san jo scho a Wäu bekaunnt.
Wieso san s' heite durt, wo s' lebn?
Vielleicht kau' i de Auntwurt gebn:

Waunn ma jetzt de Schöpfung nehman,
wia ma s' aus da Bibl kennan,
hätt' ma, zaumt de Aanzlheitn,
a Buach mit maximal zwaa Seitn.
Des hot ma übahaupt ned gfoin,
wäu da Heinz hot zeichnan woin,
und Zeichnan braucht amoi an Plotz –
vüü mehr ois jeda greimte Sotz –
drum hob i liaba rechachiert,
damit des Biachl dicka wird.
I hob ma sehr vüü Orbeit gmocht,
mei Zeit mit Lesarei vabrocht,
und bin, wäu ma a Wissn braucht,
gaunz tiaf in de Materie taucht.
So hob i's woin, so hob i's gnumman,
und des is dabei außakumman:

Ois Wien no ned im Atlas wor,
vor zirka ochzg Müllionan Johr,
in da Obakreidnzeit,
schätzn heit' gstudierte Leit,
is da Primat[2] zum erstn Moi
herumspaziert aum Erdnboi.
Der hot si nocha untatäut,
de Gliedarung, de güüt bis heit':

in trockane und feichte Nosn[3].
Und aa waunn maunche jetzta blosn:
ob feicht, ob trockn, ois san s' Offn,
de listig in de Gegnd goffn.
Und zua Primatn-Herrn-Kuitua
zööht aa da Mensch ois Off' dazua,
der zu de Trocknnosn gheart,
des is hoit so, aa waunn's uns steart.

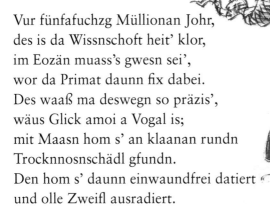

Vur fünfafuchzg Müllionan Johr,
des is da Wissnschoft heit' klor,
im Eozän muass's gwesn sei',
wor da Primat daunn fix dabei.
Des waaß ma deswegn so präzis',
wäus Glick amoi a Vogal is;
mit Maasn hom s' an klaanan rundn
Trocknnosnschädl gfundn.
Den hom s' daunn einwaundfrei datiert
und olle Zweifl ausradiert.

Daunn hot si a Wäu nix tau',
warum, des waaß ma aa genau:
wäu de Primatn worn (berechtigt?)
mit aus- und eiwaundan beschäftigt.
Auf olle Kontinent' san s' gräut
und hom si übaroi vatäut.
Da Mensch hot's do zum Masta brocht
und wöödweit si zum Offn gmocht –
kaa Platzl findst, wo mia ned san
und uns de Erdn untatan.

De aundan Offn hom si denkt:
Schau ma, wo's uns zuwelenkt.
Und san in sehr vüü klaanan Herdn
auf- und oogräut auf da Erdn;
wos dauat hot, da Weg wor weit,
do des wor wurscht, da Off' hot Zeit.

De aan san gwaundat, wia ma's kennt,
zum Ami-Dopplkontinent.
Vo Mexiko bis Argentinien,
ziahgn si eanre Ortnlinien
durch d'Sub- und de normaln Tropn,
wäu sie san jo Polytropn[4].

Noch Asien san s' aa no kumman,
hom durt in Urwoid übanumman,
san obe bis noch Indien,
noch China, Südostasien;
bis Japan und de Insln durt
gibt's offnmäßig gnua Impurt.

A poor san in d'Karibik zogn,
nur hom s' des Klima ned vatrogn;
de orman klaan Antillnoffn[5],
hot da Reih' noch 's Schlagl troffn.
De Natur mocht kaane Fedalesn,
drum san s' auf amoi ausgsturbn gwesn.

Noch Afrika san aa vüü ghaatscht,
hom Kilometa obagraatscht,
si niedalossn und vabreit',
und seit ziemlich launga Zeit
lebn s' jetzt vo da Sahara-Wüstn
bis obe zua Atlantikküstn.

Aundre vo de Offngfraßta
wohnan jetzt auf Madagaska[r].
De Affaln durt nennt ma Lemurn[6] –
ma kennt s' glei' aun de klaanan Uhrn –
und leida hom s', wia vüüle Ortn,
zum Furtbesteh sehr schlechte Kortn.

Europa is kaa Reisehit,
des kriagn sogor de Offn mit.
In Gibraltar, de Berberoffn[7],
homma nur durch Zuafoi troffn;
da Mensch hot s' eigschleppt in de Zonan
sunst tatn s' eh wo aundas wohnan.

16

Down Under in Australien,
im haaßn Ozeanien,
san de Offn aa nie gwesn,
und aa wia aundre Lebewesn,
nie in da Antarktis hoit,
kaa Wunda, durt is's vüü zu koit.

Im Nordn, bei de neichn Amis,
wo aa kaa wüüda Off' dahaam is,
is's so: do drübn steart des kaan,
wäu s' sööba lauta Offn san.
Aungeblich gibt's an Bigfoot[8] durt,
do d'Wissnschoft glaubt do kaa Wurt.

Genauso is's aum Himalaya,
do hear ma aa de oide Leia,
dass durtn obn da Yeti[9] haust,
vur dem's sogor in Messner[10] graust.
Langurn-Offn[11] gibt's durt scho,
nurs Missing Link hot nix davoo.

Des wor's mit dem, wia's friahra wor,
jetzt stöö r i eich de Offn vor:

17

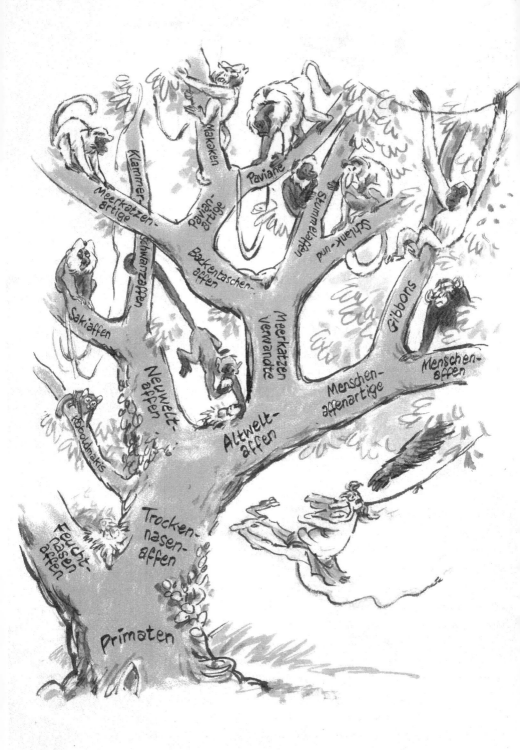

Systematik

„A Off' is a Off'", sogt mauncha bled,
do so afoch is des ned!
Es gibt noch de Vabreitungsortn
vaschiedn gnaunnte Offnsortn;
des haaßt, es hot a Täulung gebn,
in: Je nochdem, wo s' heite lebn.
Und glei' de erste Gliedarung
mocht an riesn Offnsprung.
Sie täut de Offn in zwaa Fööd':
in Oide- und in Neiche Wööd[12].

De Oide Wööd wird zaummangfosst,
wos leida aa an Spüüraum losst,
in Eurasien und Afrika –
Down Under und Amerika
ghearn geografisch ned dazua,
fir de wor d'Oide Wööd no z'fruah.

De Oidwöödoffn, wia ma s' nennt,
hot ma no amoi zatrennt:

Ois erste Auswoih hot ma troffn:
de Gottung Menschnortig-Offn[13].
Und wäu des Trennan so guat rennt
und ma si schnöö aun so wos gwähnt
und außadem und übahaupt …
hot ma s' no amoi zaklaubt:
Jetzt steht aum End' vo dera Reih,
da Menschnoff'[14] ois Ersts dabei.
Da Gibbon[15] kummt daunn glei' ois Zweita;

19

de zwaa san jetzt Obtäulungsleita
vo eanre gaunzn Untaortn –
a bissal miassts auf de no wortn.

Ois zweite Auswoih hot ma troffn:
De Geschwänztn Oidwöödoffn[16].
Wos ma si nur sehr schwer merkt,
drum hot ma aun da Gottung gwerkt
und sogt jetzt zu dem Offnstaund
afoch Meerkotznvawaundt[17]. –
Wobei ma aa gern Hundsoff' sogt,
wos ned aum Off' seim Ego nogt,
wäu d'Schnauzn in seim Offngfrieß,
der vo an Hund sehr ähnlich is.

De Meerkotzn worn oigemein,
nur mittlprächtig sortnrein,
drum hot ma in da nächstn Rundn
in Bockntoschnoff'[18] erfundn,
und, zum Täun braucht ma jo zwaa:
de Schlaunk- und Stummloffn[19] aa.
Do Schlaunk- und Stumml wor hoit z'vüü,
do des bekaunnte Trennungsgspüü,
wor bei denan bsondas leicht,
do hom allaa de Nauman greicht:
Da Schlaunkoff'[20] kriagt eam durch d'Figur,
bei dem siechst jo vo Fett kaa Spur.

Beim Stummloff'[21] do hot ma gschummlt,
wäu bei eam jo gor nix stummlt:
Bei dem san nur de Dauman gstaucht,
wäu a s' so zum Kraxln braucht.

Mi 'm Auftäun is no laung ned gnua,
tuat ma laad, ēs gfreits eich z'fruah:

Damit sa si aa gscheit entfoitn,
hot ma de Bockntoschn gspoitn:
Ois Erstas in de Pavianortn[22],
und daunn wor, ois de zweite Sortn,
scho wieda, und jetzt hoits eich au',
de Meerkotz[23] in da Täulung drau'!
Nur dermoi is's ihr letzte Ort,
a drittes Moi hom s' uns dasport.

De Pavian' hom s' aa no zrissn,
da aane Täu' san, wia ma wissn,
de Makaknoffnortn[24],
aum aundan Täu' kännts ewig wortn,
wäu de gaunzn Pavian'[25]
des End' vo dera Kettn san.

De Menschnortign Offn

Hominoidea haaßn s' auf Latein
und san gaunz obn eizumreihn,
bei d'Offn aus da oidn Wööd,
und zwaa Famülien wern do zrööht:
1. De Großn Menschnoffn
2. De Klaanan Menschnoffn
Sprich, zwaa Gottungslinien hot ma gschoffn,
iba de ma jetzt, so is's mei' Plan,
offngschwind wos lernan tan.

1. De Großn Menschnoffn

Von denan gabat's vieralei,
wäu da Mensch is aa dabei,
do den loss ma heit' vakant,
wäu der is ned relevant;
der hot si laung scho außegroit,
wäu er si fir wos Bessas hoit.
De aundan drei moch ma genaua,
vielleicht mocht's uns a bissl schlaua.

De Gorillas

Gorillas[26] hom ihrn Nauman her,
wegn ana Seefohrt übas Meer:
Da Hanno[27] is Karthaga gwesn,
wor Chef durt vom Marinewesn,
und hot mit seine Habara
im brennathaaßn Afrika
a sehr a wüüdes Viech erlegt;
de Doimetsch' durt hom eam belegt,
des Viech tät haaßn Gorillai
und des hot daunn da Hanno glei'
in sei' Periplus[28] eitrogn,
fois s' eam amoi danoch frogn.
Späta hot ma diskutiert,
neiche Nauman ausprobiert,
bis a gwissa Saint-Hilaire[29],
a bissl gnervt vom Hii und Her,
fir uns beschliaßt, wos seither passt,
dass der Off' Gorilla haaßt.

I find' Gorillas gaunz schee smart,
drum zaag i s' eich aa glei' zum Start:
Im mittlarn Afrika san s' z'Haus,
zwaa Ortn braatn si durt aus:
De aan san links im Westn[30] hint,
glei' durt, wo da Cross River[31] rinnt
und weitas no im flochn Laund[32].

24

De aundan hom ihrn Ortbestaund
mehr im östlichn Bereich[33]
und tan's de West-Kollegn gleich,
wäu s' ebnfois durchs Flochlaund[34] flitzn,
oba aa de Schneid besitzn,
in d'häächste Hääh zum auffegeh,
Berggorillas[35] nennt ma de.
Und ollesaumt san s' Woidbewohna
und nochweisliche Umwöödschona.

Vom Wesn her, san s' olle friedlich,
rein forblich oba untaschiedlich:
Im Westn trogn d'Gorillas gern,
a graubrauns Föö, im Schnitt modern.
Im Ostn san sie schworz wia d'Robn.
Wobei: De Berggorillas hobn
a Föö mit launge dichte Hoor,
gegn d'Offnköötn, is jo klor.

Da Gorilla is im Kärpamoß
auf olle Fälle gaunz schee groß.
Aan Meta ochzg dareicht a leicht,
waunn a so steht, do waunn a schleicht
und durch de Urwoidgegnd kämmt,
wern d'Vurdafiaß auf d'Knächln gstemmt,
und auf vier Haxn, sehr behäbig,
wirkt a eha klaamoßstäbig.

No wos! I vagiss's sunst gaunz:
de Gorillas hom kaan Schwaunz.
De klaane Laune der Natur
kummt hoit bei Menschnoffn vur,
und zwor bei olle, generell,
is schwaunzlos afoch substanziell.

Vom Gwicht her is 's Gorillamandl
um a aunständiges Randl
schwaara ois's de Weibaln[36] san,
de si mi 'm Fostn leichta tan.
Zwaahundat Kilo kriagn de Restln,
do biagn si d'Astln in de Nestln,
de sa si ois Nochtplotz baun,
bevur sa si zum Schlofn haun;
wäu offiziell san s' togaktiv,
do des is ziemlich relativ:
vurm Baamkraxln, zua Blattljausn,
mochn s' mehrmois klaane Pausn –
des Scheenste is hoit fir de Affal,
a gepflegtes Mittogsschlafal.

Bei da Nohrungsauswoih san s' bescheidn
und um de Zähndt san s' zum beneidn,
de schorf und furchtaregnd bleckn;
de brauchn oba niemaund schreckn:
Gorillas san jo Pflaunznfressa.
De Beißa san a Oizweckmessa,
mit dem s' de Blattln klaa' zaraschpln,
de s' kiloweis vo d'Baama haschpln.

26

Gorillas lebn gern gruppnweis',
de Chefs san aufm Bugl weiß,
vatrogn übahaupt kaa Muckn,
und haaßn bei uns Süübaruckn.
Daunn gibt's no subadulte[37] Mandln,
de planlos umaduma sandln,
wäu d'Weibaln san, zu eanan Hoss,
des Eigntum vom Obaboss.

Bei oim, wo's um de Poorung geht,
san Gorillas sehr diskret.
Ma heart kaa Gschichtl, kaane Märn,
und aa kaa Wurt vo Sex-aff-airn,
wäu Gfühle nie a Rolle spüün,
Gorillas san jo polygyn[38]:
Vüüweibarei is gaunz normal,
da Süübaruckn derf formal
ois aanziga de Weibaln schwängan
und so sein Genpool stork valängan.
De aundan Mandln, so is's Brauch,
hom poorungsmäßig do in Schlauch.

Noch fünfadreißg bis knopp vierzg Johr
is 's Gorillalebn gor.
Fünfafuffzg, in Gfaunganschoft,
hot de Jenny domois gschofft.
In Texas wor's, im Dallas Zoo,
do Gorillas sehgn des so:
auf so aa Lebn woin s' gern vazichtn!
I kau' do nur mein Beifoi pflichtn!

27

De Schimpansn

Schimpansn[39] hom ihrn Naum' vom Pan[40]
und ned, wäu s' vielleicht schimplat san.
Des stimmt nur zu an gwissn Täu',
in Wohrheit is des aundas, wäu:
de Bantu[41] hom sie aa scho kennt
und kivili-chimpenze[42] gnennt.

Sie san, des is scho laung bekaunnt,
ziemlich noh mi 'm Mensch vawaundt.
Ortn gibt's vo eana zwaa,
de lebn im mittlarn Afrika.
Gemeine[43] nennt ma d'erste Ort,
a ziemlich obaflächlichs Wort,
wäu zwaa davoo vagess' ma nie
aus Tarzan[44] und vom Daktari[45] –
der wos a Viechadokta wor
im Fernsehn in de siebzga Johr.
De zweite Ort haaßt Bonobo[46].
Ma glaubt de Klaastodt Bolobo[47] –
durt hom eam d'Forscha domois troffn –
wor naumansgebnd fir den Offn;
nur hot ma s' hoit, ma wor schockiert,
in Telegraf' foisch buchstabiert.
De zwaa Ortn, gschwind zum Schluss,
wern trennt vom braatn Kongo-Fluss.

In da Schimpansnoffnschmiedn
kummt's kloraweis' zu Untaschiedn:
Da Gemeine is manierlicha,
da Bonobo is zierlicha.

28

Beim Gemeinan bleibt des Gsichtl höö,
beim Bonobo wird's schworz wia 's Föö.
Da Gemeine kriagt aum Kinn an Bort,
da Bonobo tuat si do hort,
wäu der kau' mochn, wos a wüü,
beim Bortwuchs tuat si ned sehr vüü.
Do wia bei olle Menschoffortn
güüt fir beide Offnsortn,
de Orm wern länga ois de Haxn,
des nutzn s' gern fir Offnfaxn:
zum Beispüü kännan s' damit protzn,
dass s' stehend[48] sie si d'Ferschn krotzn.

Gschlechtsdimorphismus[49] güüt aa do,
aa bei d'Schimpansn is's a so,
dass d'Mandln imma schwaara wern
ois d'Weibaln[50], do des hearn s' ned gern.
Siebzg Kilo san a stoizes Gwicht,
waunn ma soiche Mandln siecht,
de in da gaunzn Kopfrumpfgräßn[51]
hächstns grod an Meta messn.
Des Föö wird schworz und dunklbraun.
Bei d'Augn muass ma bessa schaun,
wäu des, wos ausschaut wia r a Gschwuist,
is nur a Übaaugnwuist[52].
De Ohrn san rund und stehngan oo,
beim Känig von Englaund san s' aa a so –
drum san s' vielleicht ned grod ästhetisch,
do immahin echt majestätisch.

29

Ois togaktive Nestlbaua
und neigarige Gegndschaua
hangln s' durchn Baambestaund
(suspensorisch[53] wird des gnaunnt)
und gehngan aa zu ebna Erd',
im Knächlgaung, so wia si's gheart.

Schimpansn habban ziemlich ois,
haun si Insektn in ihrn Hois,
jausnan klaane Fledamäis,
jogn Klaaviech kilometaweis',
do aum liabstn steckn s' Pflaunzn,
und Obst und Nussaln in ihrn Raunzn.

Ob oba- oda untaschichtig,
soziales Denkn warat wichtig!
Und grod da Menschoff' zaagt uns oft,
wia ma's in da Gruppn schofft!

Schimpansn lebn gern in Fusionan,
wo s' in gräßan Gruppn wohnan,
de togweis wiedarum zafoin,
waunn a poor ihr Ruah hom woin.
Matriarchalisch[54] lebt da Bonobo.
Da Gemeine siecht des ned a so,
der steht in seina Offnsippschoft
mehr auf reine Männawirtschoft.

30

De Kärpapfleg' is eana wichtig
und d'Schimpansn mochn's richtig:
sie hööfn si do untranaund,
wäu so a gschickte Offnhaund,
findt de Läis, wo du scho längst
allaanich nimma zuweglengst.

Schimpansn pflaunzn si gern fort
und dass ma si des Suachn sport,
zaagn d'Weibaln ihr Bereitschoftsstöllung
mit ana dickn Reglschwöllung[55] –
de Mandaln wissn daunn genau,
bei dera schleich i mi jetzt au.
Des Furtpflaunzn is oft beliebig,
wäu maunchmoi san s' ois Gruppn triebig,
oba maunchmoi büüdn si aa Poore –
ma kummt jo aa ois Off' in d'Johre.

Es gabat sicha no vüü Frogn,
do irgandwaunn muasst „Pfiat di!" sogn.
Noch vierzg Johr Offnschindarei
is 's Schimpanslebn vurbei;
wos s' in da Gruppn sehr bedauan,
wäu aa Schimpansn kännan trauan.

31

De Orang-Utans

Da Orang-Utan[56] hot sein Nauman
sozusogn vom Ursprungssauman
vo da Ur-Malaysn-Sproch,
und wos des haaßt, schau ma glei' noch:
Bei Orang steht da Woid ois Gleichung
und Utan is de Menschbezeichnung.
Des haaßt, ma wüü uns zuweschaunzn,
da Orang-Utan war', im Gaunzn,
aa Woidmensch wia r a leibt und lebt,
der nochn Innern Friedn strebt.
Des kau' scho sei', wäu aa d'Javana
erklärn uns des, wia sunstn kaana:
Sie sogn, de Offn känntn redn,
sie tan's nur ned gern mit an jedn,
wäu s' sunst vielleicht a Orbeit kriagn. –
I kännt' mi grod vur Lochn biagn,
wäu soiche Redn mochn Freid',
de passn aa in unsa Zeit,
wäu soiche Leit' wird jeda kennan,
nur derf ma s' nimma Offn nennan …

De Orang-Utans lebn allaa
auf Borneo[57] und Sumatra.[58]
Friahra worn s' weit mehr vabreit',
do des wos zööht, des is des Heit'.
Waunn ma auf de Färbung schaun,
san s' dunklrot bis rötlichbraun –
auf Sumatra san s' etwos hölla,
durt bleicht de Sunn wohrscheinlich schnölla.

Des Föö is zottlig, do sie hättn
a glottas, waunn s' as kampln tätn,
und außadem is's aa so liacht,
dass d' durt und do de Haut durchsiachst.
Aa Meta vierzg wern s' groß, so etwa –
wer rechnat scho aum Zantimeta –
de Weibaln wern ned gaunz so groß,
des is und bleibt hoit eana Los,
und außadem san s', wia ma sehgn,
aa auf da Woog' weit untalegn –
fuffzig Kilo zaumtn Gwaund,
jo, do host kaan leichtn Staund
gegn d'Mandln, de neinzg Kilo bringan,
wäu s' dopplt so vüü eineschlingan.

Wäu ma Schlingan grod erwähnan:
Da Orang-Utan gheart zu denan,
der sehr gern mit Lianan schwingt,
und dass eam des aa gscheit gelingt,
san seine gaunzn Körpaforman
aupasst aun de Klettanorman.
De Ärmln san sehr laung und kräftig,
und aa de Spaunnweitn is deftig:
Zwaa Meta fünfazwanzg hom s' gmessn –
an Geier kännt da Neid do fressn!

De Händ' san hoknmäßig bogn
und laungstreckt ausanaundazogn,
und bei de Fiaß is des fost gleich,
do wor ma sehr ideenreich,
so sehr, dass ma scho maanan kännt',
Orang-Utans hom vier Händ'.

Wos s' no hom, is a hocha Kopf
und an Kööhsock wia r an Kropf –
auf Sumatra wirkt der sehr schmächtig,
auf Borneo gedeiht a prächtig.
De Augn stehngan ziemlich eng,
drum wirkt des Gschau a wengal streng.
Aum Obaschädl und aum Nockn
hom s' links und rechts, wia dicke Bockn,
de Sagittal- und Nuchalkämm'[59]
und zwor bei beide Offnstämm';
in Sumatra san s' dermoi bessa,
do wird de Wuistn deitlich gräßa.
De Schnauzn is noch außn gschobn
und wäu s' Behoorung übahobn
und wäu ma do auf kaan Foi sport,
wochst eana no a dichta Bort.

Normalaweis' san s' Aanzlgänga,
nur d'Mamas ghoitn d'Jungan länga,
und treffn wo zwaa Mandln zaumm,
kau's sei', dass s' schnöö an Wickl haum.
A poor hom si an Fixplotz gfundn,
de aundan lebn ois Vagabundn
und missbrauchn d'Weibaln systematisch,
des mocht s' ned unbedingt sympatisch.

34

Sie fressn ois zum Hunga stüün,
Hauptsoch is: des Zeig is grün.
Blattln, Obst und horte Sauman,
braucht da Orang-Utan-Gauman,
und firs Eiweiß, ob und zua,
kummt Klaaviech und a Ei dazua.

Poorungsmäßig homma gheart:
maunche Weibaln wern enteahrt;
und wia ma's aus da Forschung kennt,
san des de erstn fuffzg Prozent.
De zweitn fuffzg san ohne Graus,
do suacht ma si sein Partna aus.

Aa de Orang-Utans lebn,
ohne noch an Züü zum strebn,
so zirka um de fuffzig Johr laung,
daunn is's Zeit fir eanan Haamgaung.
Und wäu ma durt, wo s' heit' no wohnan,
des Palmöö ausquetscht wia Zitronan,
und des in Lebnsraum sehr peinigt,
wird eana Haamgaung stork beschleinigt!

2. De Klaanan Menschnoffn

Jetzt zaagn ma eich de zweite Gruppn
vo da Menschnoffntruppn.
De besteht zwor nur aus ana Sortn,
dafir hot's vüüle Untaortn,
de ma ollesaumt ois Gibbons kennan,
und aa de Laungormoffn nennan.
Und wos ma no so wissn kau',
schau ma uns genaua au'.

De Gibbons

In Lebnsraum vo Gibbons[60] host
in Asien, und zwor: Südost.
Vo Indien bis obn in China
vatäun sa si, de klaan Schlawina.
In zwanzig Ortn, gaunz genau
treibn s' Spumpanadln und Radau.
Seit Siebzehnhundatirgandwos
sogn de Forscha pausnlos,
dass ma vom Gibbon-Offn redt,
nur wos des haaßt, des wissn s' ned,
wäu de Franzosn, so de Thesn –
in de Kolonien is's gwesn –
hom an Einheimischn troffn,
der si auskennt mit de Offn,
und hom eam nochn Nauman gfrogt.
Der hot eam daunn aa sehr brav gsogt,
nur wos des haaßt, hom s' währendessn,
leida daunn zum frogn vagessn.
Drum is da Gibbon, zweifllos,
vom Nauman her bedeitungslos.

Gibbons san, waunn ma so schaut,
des wos mia maanan mit „Vabaut".
Des betrifft de Gliedamoßn,
de si so beschreibn lossn:

Vurn san s' länga ois wia hint',
wos dem Off' an Haufn bringt,
wäu des erlaubt de Brachiation[61]
in da Oitogssituation,
de der Off', waunn's eam gelingt,
meistns auf de Baam' vabringt.

Drum hot a aa sein Dauman glei'
vurn beim Haundgelenk dabei,
damit a ned danebngreift,
waunn a durch de Baama pfeift.
Waunn s' zwischndurch aum Bodn san,
gehngan s', wäu s' gern einedrahn,
nur auf zwaa Fiaß, in Bipedie[62],
de Orm in d'Hääh, sunst haut s' as hii.

Gibbons gibt's in Schworz und Braun
aa Graue kau' ma maunchmoi schaun.
De Käpf' san obn ziemlich floch,
de Augn san groß und imma woch,
de Schnauzn steht a bissl vua,
do im Gesaumtn passt s' dazua.
Maunche hom an Kööhsock hängan,
den brauchn s', dass s' in Ton valängan,
wäu de schrein wia de Berserka,
do braucht's an Resonanzverstärka.

De Gibbons lebn gebietsgebundn.
Hom s' amoi a Platzl gfundn,
des wos eana wirklich gfoit,
daunn wern s' durt aa gemeinsaum oid,
wäu Gibbons san aa monogam[63],
bleibn mitanaunda gern dahaam,
und kümman si (trotz mauncha Tetschn)
sehr liab um eanre Paumpaletschn.

Vier Gottungen wern untaschiedn,
drunta wor ma ned zufriedn.
De erste gibt's nur in Latein[64],
drauf büüdt sa si aa no wos ein,
wäu da Siamang[65] dazuagheart,
der (wos d'aundan äftas ursteart)
da schwaarste is und aa da Gräßte,
waunn ma so wüü, da Gibbon-Beste.
Zwööf Kilo kriagt der Ortvatreta
und d'Kopfrumpfläng' is fost a Meta.

De zweite Gottung hot an Schopf[66],
den trogn de Mandln aufm Kopf.
De Weibaln san do ned so eitl,
de hom an dunkln Fleck aum Scheitl.
De Untaortnnauman faungan
täus mit de Forbn au vo de Waungan[67],
und no dazua kummt, ois Vapflichtung,
de Fööforb' und de Himmlsrichtung[68];
und zum Schluss, woher sie san,
wia beim Südchines' Hainan[69].

Bei da drittn, de ma Hoolock[70] haaßt,
hot ma wieda urndlich prasst,
und i hob des leise Gfüüh,
do worn Beziehungen im Spüü,
sozusogn wird s' protegiert,
wäu s' nur an Offn integriert.
Weißbrauengibbons[71] sogn s' dazua;
de schaun so aus ois hätt' d'Natua
eana um de Augaln gschminkt,
wos rein optisch sehr vüü bringt.

De viertn nennt ma kurz „De Klaanan" [72],
do eigentlich soit ma do maanan,
des is politisch ned korrekt,
waunn ma so gorschtig zuwepeckt.
I find', ma känntat schreibn lossn,
de Klaanan san „De ned so Großn".
In Kloss-Gibbon[73] kännt' ma ehrlich kränkn,
waunn ma jetztan wirklich denkn,
dass der, waunn ma seim Nauman glaubt,
si dauernd Knädln eineschraubt.
Herr Cecil Boden Kloss[74], der wor
Zoolog bis in de Vierzga-Johr.
Der hot den Off' auf Mentawai
(bei Indonesien dabei)
gfundn und sein' Nauman gebn,
und der muass jetzta damit lebn.

De aundan Klaanan Gibbons san
benaumst, noch dem wia s' ausschaun tan:

40

De aanan hom a Kappl[75] auf,
bei d'aundan zööht da Forbvalauf[76],
wo no dazua a aanzle Ort
herumrennt mit an weißn Bort[77].
De Offnprankaln, de zööhn aa,
wäu do gibt's scho wieda zwaa:
de aanan, de ma Ungka[78] nennt
und aun de schworzn Händ' dakennt,
und daunn in Lar[79], der gern, voi Eifa,
sein' Partna laust mit weiße Greifa.

Waunn's vurbei is, is's vurbei,
des sehgn sogor de Gibbons ei'.
Noch fünfazwanzg bis dreißig Johrn
kummt de Zeit zum Ummefohrn –
daunn kumman s' auffe in des Gwimml
im immalautn Offnhimml.

Nochgredt

So, des warat's jetza gwesn,
mehr hob i ned fir eich zum Lesn.
Wia gsogt, i hob mi sehr bemüht,
zum gebn a leiwaunds Lebnsbüüd,
vo zerst amoi de Menschnoffn.
Ob's weitageht? Des bleibt no offn,
wäu Offn gabat's no sehr vüü;
ned nur im Tierreich, sogt mei Gfüüh …

Gaunz haamlich stöö i ma grod vor,
wos war', waunn murgn des Buach sogor
sein Weg in d'Schuin und Unis findat
und ma's in Untarricht eibindat.
Wäu, ohne, dass ma jetztn schleimt,
de Text' san wissnschoftlich greimt
und Wienarisch san s' no dazua,
des war' scho Büüdungsauftrog gnua.
Zumindest war's hoit mei Rezept
fir a neiches Lernkonzept.
Hätts des in meina Schuizeit gebn,
wer waaß, wos wurn war' aus mein Lebn.
Vielleicht hätt' mi des Lernan gfaungan
und i war' aufs Gymnasium gaungan,
und hätt' vielleicht – wos hoit ned wor –
Matura gmocht, noch oi de Johr.

Vielleicht hätt' i sogor studiert
und hätt' ois Dokta promoviert.
Vielleicht hätt' i … i hätt' … vielleicht,
aa außam Dichtn vüü erreicht …

… So, jetzt hob i mi varrennt,
do kaa Aungst, i kumm zum End'.
Mei' Wunsch fir eich, ēs werdts as schoffn:
Bleibts brav und mochts eich ned zum Offn!

Endnoten

1 Affen (Anthropoidea, Simiae oder Simiiformes) werden auch als „Eigentliche Affen" oder „Höhere Primaten" bezeichnet.

2 Der Begriff Primat stammt vom lateinischen primus (der erste) und bezieht sich auf den Menschen als „Krone der Schöpfung".

3 Die Primaten unterteilen sich in zwei Gattungen: Feuchtnasenaffen (Strepsirrhini) und Trockennasenaffen (Haplorrhini). Zu den Trockennasenaffen zählen auch die Menschenaffen (Hominidae) und der Mensch (Homo sapiens).

4 Polytrop: Begriff aus der Biologie von Organismen, der „sehr anpassungsfähig an Umweltbedingungen" bedeutet.

5 Antillenaffen (Xenotrichini) sind eine Gruppe ausgestorbener Primaten, die zumindest bis vor wenigen Tausend Jahren auf den Inseln der Großen Antillen lebten.

6 Lemuren (Lemuriformes, von lat. Lemures „Schattengeister der Verstorbenen" und forma „Gestalt")

7 Berberaffe (Macaca sylvanus), auch Magot genannt

8 Der Bigfoot oder Sasquatch ist in der nordamerikanischen Folklore ein großer, stark behaarter Waldmensch, der angeblich in fast allen Gebirgen der USA und Kanadas gesichtet worden ist.

9 Als Yeti oder Schneemensch bezeichnet man ein zweibeiniges, behaartes Fabelwesen des Himalaya.

10 Reinhold Andreas Messner (17. Sept. 1944, Südtirol) ist ein Extrembergsteiger und Buchautor.

11 Hanuman-Languren, auch als Hulmane, Graue oder Indische Languren bezeichnet (Semnopithecus)

12 Altweltaffen oder Schmalnasenaffen (Catarrhini) und Neuwelt-affen oder Breitnasenaffen (Platyrrhini)

13 Menschenartige Affen (Hominoidea)

14 Menschenaffen (Hominidae)

15 Gibbons (Hylobatidae)

16 Geschwänzte Altweltaffen (Cercopithecoidea)

17 Meerkatzenverwandte oder Hundsaffen (Cercopithecidae)

18 Backentaschenaffen (Cercopithecinae)

19 Schlank- und Stummelaffen (Colobinae)

20 Schlankaffen (Presbytini)

21 Stummelaffen (Colobini)

22 Pavianartige Affen (Papionini)

23 Meerkatzenartige Affen (Cercopithecini)

24 Makaken (Macaca)

25 Paviane (Papio)

26 Gorillas (Gorilla)

27 Hanno der Seefahrer (480 v. Chr.; † ca. 440 v. Chr.), war ein karthagischer Admiral.

28 Reisebericht des Hanno, in einer griechischen Übersetzung überliefert.

29 Isidore Geoffroy Saint-Hilaire (1805 – 1861) war ein französischer Zoologe und Ethologe. Er prägte 1852 den Gattungsnamen Gorilla.

30 Westliche Gorillas (Gorilla gorilla)

31 Cross-River-Gorillas (Gorilla gorilla diehli)

32 Westliche Flachlandgorillas (Gorilla gorilla gorilla)

33 Östliche Gorillas (Gorilla beringei)

34 Östliche Flachlandgorillas (Gorilla beringei graueri)

35 Berggorilla (Gorilla beringei beringei)

36 Gorillaweibchen erreichen ein Gewicht von 70 bis 90 Kilo.

37 Halbwüchsige, noch nicht vollständig erwachsene Tiere.

38 Polygynie (Vielweiberei, von griechisch „poly": viel und „gyné": Frau)

39 Schimpansen (Pan)

40 Griechischer, bocksfüßiger Hirtengott

41 kivili-chimpenze: In der Bantu-Sprache Tschiluba bedeutet die Übersetzung des Begriffs: Scheinmensch.

42 Bantu ist der Sammelbegriff für über 400 verschiedene Ethnien Zentral-, Ost- und des südlichen Afrikas, die Bantusprachen sprechen.

43 Gemeiner Schimpanse, auch Gewöhnlicher Schimpanse oder einfach nur Schimpanse (Pan troglodytes)

44 Cheeta hieß die Schimpansendame, die Tarzan, den Urwaldhelden, in seinen Filmen begleitete.

45 Die Affendame Judy war ständige Bewohnerin der Wameru-Tierstation in Afrika, die Dr. Marsh Tracy, genannt Daktari (Doktor) in der gleichnamigen Fernsehserie betreute.

46 Bonobo oder Zwergschimpanse (Pan paniscus)

47 Bolobo ist eine Stadt am Kongo in der Provinz Mai-Ndombe im westlichen Teil der Demokratischen Republik Kongo (DRC).

48 Aufrecht stehende Tiere erreichen eine Höhe von 1 bis 1,7 m.

49 Deutliche Unterschiede in Erscheinung, Körperfunktionen oder Verhalten zwischen männlichen und weiblichen Individuen.

50 Weibchen werden rund 25 bis 50 Kilogramm schwer.

51 Kopf-Rumpf-Länge ist ein Körpermaß und bezeichnet die Länge eines Landwirbeltieres von der Schnauzen- bzw. Nasenspitze bis zur Schwanzwurzel.

52 Als Überaugenwulst (Torus supraorbitalis), wird eine horizontale, unmittelbar oberhalb der Augenhöhlen und der Nasenwurzel vorhandene Verdickung des Stirnbeins bezeichnet, die über der Nasenwurzel nicht unterbrochen ist.

53 An den Armen hängend fortbewegen

54 Beim Bonobo haben die Weibchen die Führungsrolle der Gruppe inne.

55 Die Regelschwellung ist eine Erscheinung bei verschiedenen weiblichen Primaten. Es handelt sich dabei um eine Schwellung des Genitalbereiches, die hormonell bedingt ist und den Männchen visuell die Paarungsbereitschaft der Weibchen signalisiert.

56 Orang-Utans (Pongo)

57 Borneo-Orang-Utan (Pongo pygmaeus)

58 Sumatra-Orang-Utan (Pongo abelii)

59 Deutliche Wülste an der Oberseite des Kopfes und am Nacken, die als Muskelansatzstellen dienen.

60 Gibbons (Hylobatidae)

61 Schwinghangeln. Im Tierreich einzigartige Fortbewegungsart durch Schwingen mit den Armen.

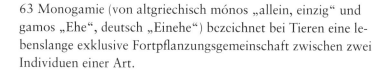

62 Bipedie (lat. bis „doppelt", pes/pedis „Fuß") ist die Fortbewegung auf zwei Beinen. Gibbons strecken dabei beide Arme in die Höhe, um das Gleichgewicht nicht zu verlieren.

63 Monogamie (von altgriechisch mónos „allein, einzig" und gamos „Ehe", deutsch „Einehe") bezeichnet bei Tieren eine lebenslange exklusive Fortpflanzungsgemeinschaft zwischen zwei Individuen einer Art.

64 Gattung Symphalangus

65 Siamang (Symphalangus synd actylus)

66 Gattung Schopfgibbons (Nomascus)

67 Nördlicher Weißwangen-Schopfgibbon (Nomascus leuco-genys), Südlicher Weißwangen-Schopfgibbon (Nomascus siki), Nördlicher Gelbwangen-Schopfgibbon (Nomascus annamensis), Südlicher Gelbwangen-Schopfgibbon (Nomascus gabriellae)

68 Westlicher Schwarzer Schopfgibbon (Nomascus concolor), Östlicher Schwarzer Schopfgibbon (Nomascus nasutus)

69 Hainan-Schopfgibbon (Nomascus hainanus)

70 Gattung Hoolock

71 Weißbrauengibbon oder Hulock (Hoolock hoolock)

72 Gattung Kleine Gibbons (Hylobates)

73 Kloss-Gibbon (Hylobates klossii), auch Mentawai-Gibbon, Biloh oder Zwergsiamang

74 Cecil Boden Kloss (1877 – 1949) war ein englischer Zoologe. Auch ein Maulwurf trägt seinen Namen.

75 Kappengibbon (Hylobates pileatus)

76 Grauer Gibbon, auch Borneo-Gibbon (Hylobates muelleri), Silbergibbon (Hylobates moloch), manchmal auch Java-Gibbon oder Wauwau

77 Weißbartgibbon (Hylobates albibarbis)

78 Schwarzhandgibbon oder Ungka (Hylobates agilis)

79 Weißhandgibbon oder Lar (Hylobates lar)

Hier sehen Sie den Harald Pesata.

Familie: Große Menschenaffen

Gattung: Satirischer Wiener Mundartautor
(satirarum auctor dialectica viennensis)

Vorkommen: Geboren 1966 in Wien,
hat nun seinen Lebensraum in
Langenzersdorf/Niederösterreich gefunden

Leben und Werk:
Der Harald Pesata erlernte den Beruf
eines Kellners, danach war er in mehreren
Tätigkeiten zu finden – heute Sicherheitskoordinator.
Seit 2011 freischaffender Autor.
Verfasser von Büchern wie
u.a. „Für Garderobe keine Haftung – Wiener
Beislgeschichten & Anekdoten" und „Der Wiener
Struwwelpeter" mit Illustrationen von Heinz Wolf
sowie von Kurzgeschichten und Gedichten für
verschiedene Zeitungen, Magazine und Anthologien.
Herausgeber der Wiener Bezirkseditionen in
Zusammenarbeit mit dem Verlagshaus Hernals.

Mehr zu diesem Altweltaffen finden Sie auf
www.pesata.at

Hier sehen Sie den Heinz Wolf.

Familie: Große Menschenaffen

Gattung: Freilebender Comiczeichner und Illustrator
(liberum vivum comici artifex et illustrator)

Vorkommen: Geboren 1959 in Wien,
lebt er gebietstreu ebendort

Leben und Werk:
Der Heinz Wolf erlernte den Beruf eines Bühnen- und De-
korationsmalers bei den Österreichischen Bundestheatern,
danach freischaffender Comiczeichner und Illustrator.
Mitbegründer der KABINETTcomicpassage im Museums-
Quartier Wien und TISCH14 im Rüdigerhof. ICOM-Preis
2018 für besten Kurzcomic „Verhandlungssache" in der
Lovecraft-Anthologie „Echo des Wahnsinns" (Begründung:
Wiener Schmäh als Horror-Sujet). Veröffentlichungen u.a.
„MOLCH" mit Nicolas Mahler (Luftschacht), „Max &
Moritz auf Wienerisch" mit Christian Hemelmayr und „Der
Wiener Struwwelpeter" mit Harald Pesata, beide Verlags-
haus Hernals.

Mehr zu diesem Altweltaffen finden Sie auf
www.heinzwolf.at

Christian Hemelmayr . Heinz Wolf
Max und Moritz auf Wienerisch
A Buamag'schicht in 7 Kapitln

€ 23,90
72 Seiten, gebunden, fadengeheftet
978-3-902975-10-2
Mit einem Hörbuch zum Streamen,
gelesen von Christian Hemelmayr.

Vor 150 Jahren ist Wilhelm Busch's berühmteste Bildergeschichte entstanden. Christian Hemelmayr übertrug sie nun frei ins Wienerische der Gegenwart. Heinz Wolf hat die beiden bösen Buben in über hundert Abbildungen zeichnerisch neu erschaffen.

„Es gibt sie heute mehr denn je – die „Böse-Buben-Generation". Allerdings fanden die Streiche damals den Weg leichter in die Herzen der Menschen, als es heute der Fall ist. Mit der neuen Wiener Fassung haucht Christian Hemelmayr den G'schichten jedoch gekonnt und mit sehr viel urbanem Charme neues, heutiges Leben ein. Heinz Wolfs Zeichnungen sind die meisterhafte Ergänzung zu einem Buch, das Kraft und Witz ausstrahlt und nicht „cool", sondern ganz einfach „leiwand" ist."
Horst Chmela

Harald Pesata . Heinz Wolf
Der Wiener Struwwelpeter
Lustige Gschichten und urliabe Büüdln

€ 23,90
60 Seiten, gebunden, fadengeheftet
978-3-902975-13-3
Mit einem Hörbuch zum Streamen,
gelesen von Harald Pesata.

Originelle, manchmal sehr zynische, aber stets unterhaltsame
Reime aus der Feder des Wiener Mundartdichters Harald Pesata
finden Sie in dieser gelungenen Struwwelpetriade des Wiener Dia-
lekts. Heinz Wolf hat die berühmten Geschichten zeichnerisch neu
erschaffen. Ein Buch, das das Zeug dazu hat, weltberühmt in Öster-
reich zu werden!

Christian Hemelmayr
schwoaZZe lecha
ein literarischer soundtrack vieler leben
das erste wiener-sich-selbst-laut-vorlesebuch

mit Zeichnungen von Heinz Wolf

€ 24,80
144 Seiten, gebunden
978-3-903442-18-4

In seinem Band „schwoaZZe lecha" benutzt Hemelmayr eine Verschriftlichung, die es möglich macht, den Dialekt beim Lesen zu hören. Viele Wörter sind bereits so fremd, so weit aus dem Sprachgebrauch verschwunden, dass sie erst beim Hören wiedererkannt werden. In den Texten setzt er sich zum Beispiel mit der Wiener Rotunde, mit dem Tod und mit Demenz auseinander, greift also auch inhaltlich die Wiener Seele auf.

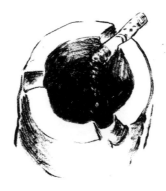